Joseph Baader

Die Reichstadt Nürnberg

Letztes Schicksal und ihr Übergang an Bayern

Joseph Baader

Die Reichstadt Nürnberg
Letztes Schicksal und ihr Übergang an Bayern

ISBN/EAN: 9783743681996

Hergestellt in Europa, USA, Kanada, Australien, Japan

Cover: Foto ©ninafisch / pixelio.de

Weitere Bücher finden Sie auf **www.hansebooks.com**

Der

Reichsstadt Nürnberg

letztes Schicksal

und

ihr Uebergang an Bayern.

Ein kleiner Beitrag zur Geschichte der Auflösung
des deutschen Reichs

von

J. Baader,

kgl. Archiv-Conservator.

―――――

Nürnberg, 1863.
Verlag der Friedr. Korn'schen Buchhandlung.

Vorwort.

Nürnberg war kein geringes Glied des hl. Römischen Reiches deutscher Nation, und als solches hat es sich nicht bloß bei den Reichsstädten hohes Ansehen und bei vielen Gelegenheiten die Führerschaft, sondern auch einen Einfluß auf die allgemeinen Angelegenheiten des Reiches zu verschaffen gewußt, wie er sonst nur von Reichsständen mit ungleich größern Machtmitteln ausgeübt wurde. Mit ungebrochenem Muthe und bewunderungswerther Ausdauer hat es seine Freiheit und Selbstständigkeit gegen die Uebergriffe mächtiger Territorialherrn und Nachbarn vertheidigt. Seine Geschlechter zeichneten sich aus durch große Vaterlandsliebe, Klugheit und staatsmännischen Blick, und seine Bürger durch Mannhaftigkeit und Opferwilligkeit. — Wie Nürnberg einer der Hauptträger deutscher Gesittung und Cultur, deutscher Kunst, Wissenschaft und Gewerbthätigkeit gewesen, dessen hat

Jedermann ein Wissen. — Unter den Fittigen des Reichsadlers ist es groß geworden; und als dieselben erlahmten, da sank auch Nürnbergs Macht, Ansehen und Wohlstand immermehr, bis es endlich dem allgemeinen Schicksale des Reiches erlag.

Eine Commune mit so ruhmvoller Vergangenheit, sie verdient es wohl, daß wir uns auch bei ihrem letzten Momente, wo sie mit ihrer ganzen Vergangenheit abschließt und in ganz neue Verhältnisse eintritt, einige Augenblicke aufhalten.

Das letzte Schicksal Nürnbergs, den Verlust seiner Reichsfreiheit, seine Bestrebungen zur Erhaltung seiner Selbstständigkeit und Unmittelbarkeit, und seinen Uebergang an Bayern, wie wollen sie in diesen Blättern nach bisher unbenützten archivalischen Aktenstücken in Kürze schildern.

Nürnberg, den 4. Februar 1863.

Der Verfasser.

I.

Der drohende Verlust der Reichsfreiheit. Bestrebungen zur Erhaltung der Selbstständigkeit und Anmittelbarkeit.

Der dreißigjährige Krieg hatte der alten Reichsstadt unheilbare Wunden geschlagen und ihre Hilfsquellen erschöpft. Sie konnte nie wieder zu Kräften kommen. Eine große Schuldenlast und das verknöcherte aristokratische Regiment zehrte an ihrem Marke. In der Hand weniger patrizischer Familien ruhten alle Staatsgewalten und befanden sich alle einflußreichen Stellen und Aemter. Die Staatsverwaltung und das Finanzwesen bewegten sich noch immer in dem Geleise vergangener Jahrhunderte. Ueberall nur verrottete Zustände, und von zeitgemäßen Verbesserungen oder der Eröffnung neuer Finanzquellen keine Rede. Man ließ eben alles gehen, so gut es gehen mochte, und hing am alten Schlendrian. Die Genannten des größern Rathes oder der Bürger-Ausschuß, der dem kleinern oder innern, aus den Geschlechtern gewählten Rathe zur Seite stand, waren bloße Figuranten, denen man nicht einmal bei Anlegung der Steuern ein entscheidendes Votum, oder irgend eine Controle einräumen wollte.

So kam es, daß in der zweiten Hälfte des vorigen Jahrhunderts das Gleichgewicht zwischen Einnahmen und Ausgaben bereits vollständig verloren und die Schuldenmasse auf 9,000,000 fl. angeschwollen war. Der Bürger-Ausschuß beklagte sich wegen dieser heillosen Zustände im Jahre 1786 beim Kaiser, und forderte eine genaue Darlegung der Finanzgebrechen und Abhilfe. Darauf vereinigte man sich i. J. 1792 zu einer sogenannten Oekonomie-Verbesserungs-Deputation, die aus Mitgliedern des innern Rathes und aus Genannten zusammengesetzt war. Auch schlossen Rath und Genannte 1794 den sogenannten Grundvertrag, wodurch die Zahl der letzteren sehr vermehrt wurde. Aber alle diese Versuche, in den zerrütteten Staatshaushalt einige Ordnung zu bringen, scheiterten an dem tiefgewurzelten Uebel, das aller Heilmittel spottete. Ebensowenig Erfolg hatte die kaiserliche Delegation, die die Finanzzustände von Grund aus verbessern sollte. Bei solchen Verhältnissen war man zu Anfang dieses Jahrhunderts soweit herabgekommen, daß oft für die allerdringendsten Ausgaben kein Kreuzer in den Kassen war, die Beamten mehrere Monate lang vergebens auf ihre Besoldungen warten, und nicht selten die Mittel der Kultus- und Wohlthätigkeitsstiftungen zu Staatszwecken herhalten mußten.

Diesen traurigen Zustand der Republik aber hat die schlechte Staats- und Finanzverwaltung nicht allein verschuldet; die äußern politischen Verhältnisse und die Beziehungen zu den mächtigen Nachbarn trugen gleichfalls zur Verschlimmerung der Lage bei. Ueberhaupt hat Nürnberg in dieser Beziehung vielfach das Schicksal des deutschen Reiches und Kaiserthums getheilt.

Churbayern griff gegen Ende des vorigen Jahrhunderts den alten Prozeß wegen der Böhmischen Lehen und Flecken, die Nürnberg im Bayerischen Erbfolgkriege des Jahres 1504 gewonnen, wieder auf. Es sequestrirte ohne Weiteres die im Pfälzischen gelegenen Güter der Nürnberger und einen Theil der Pflegämter. Nürnberg bezog aus denselben beträchtliche Gefälle; ihr Entgang war ein harter Schlag für sein zerrüttetes Finanzwesen. — Dann kam Preußen. Nachdem es in Folge der Abdankung des Markgrafen Christian Friedrich Karl Alexander in den Besitz der markgräflichen Lande in Franken gekommen, suchte es die alten vielhundertjährigen Ansprüche auf die ihm angeblich bis an die Thore Nürnbergs zuständige Landeshoheit wieder hervor. Im Jahre 1796 ließ es sodann die Stadt und die Vorstädte und einen Theil der Pflegämter Altdorf und Lauf besetzen.

Zu diesen Bedrängnissen von Seite der Nachbarn gesellten sich die politischen Stürme aus dem Westen, die den Franzosen ins Frankenland brachten und Nürnbergs und seiner Bürger Wohlstand durch unaufhörliche Lieferungen, Einquartierungen, Brandschatzungen und Plünderungen vernichteten.

Die Stadt befand sich in verzweiflungsvoller Lage. Um dem gänzlichen Ruin zu entrinnen, suchte sie Schutz in den Armen Preußens, dem sie sich freiwillig unterwerfen wollte. Der desfallsige Subjektions-Vertrag war dem König zur Unterzeichnung bereits vorgelegt, aber politische Rücksichten und Winke des kaiserlichen Hofes bestimmten ihn, den Vertrag zurückzuweisen und seine Truppen aus Nürnberg und dessen Gebiet am 1. Oktober 1797 zurückzuziehen.

Es kam nun die schwere Zeit, wo das zerfallene deutsche Reich ganz aus den Fugen und in Trümmer ging. Nürnberg theilte sein Schicksal. Von mächtigen Nachbarn umzingelt und bedrängt, des größten Theils seines Gebietes und seiner Einnahmsquellen beraubt, von den durchziehenden Armeen bis aufs Blut ausgesogen, und schutzlos und ohnmächtig stand es in banger Erwartung, wem es endlich als Beute zufallen soll.

Die Versicherung Napoleons, daß die Selbstständigkeit Nürnbergs erhalten werden soll, die er dem nach Paris abgeordneten Senator Jobst Wilhelm Carl von Tucher und dem Kaufmann Just. Christian Kißling in der Audienz vom 21. Juni 1801 gegeben, sowie der Reichsdeputations-Receß vom Jahre 1803, wodurch Nürnberg zu den sechs freien Reichsstädten gezählt wurde, die in ihrer Unmittelbarkeit bestehen sollten, berechtigten bei der Unsicherheit und dem Schwanken der damaligen politischen Zustände zu keiner großen Hoffnung für die Zukunft; sie zeigten nur, womit man umging.

Durch den Presburger Frieden gewann Bayern, das bereits im Besitze der Hochstifte Bamberg und Würzburg war, im Jahre 1806 auch noch die Markgrafschaft Ansbach. Als Rechts-Nachfolger Preußens nahm es alsbald die alten Ansprüche des frühern Besitzers auf. Es besetzte die Vorstädte Gostenhof und Wöhrd und ließ die bayerischen Besitzergreifungs-Patente und Wappen anschlagen. Die vom Rathe dagegen am 21. Juni erhobene Protestation und Verwahrung blieb natürlich unbeachtet und wirkungslos.

Die Preußen kamen damals auch wieder. Wegen eines Musquetiers, der von der Nürnberger Miliz zu den Preußen desertirte, nachher aber sich der Nürnbergischen Behörde freiwillig stellte und nach Nürnberg gebracht wurde, besetzten sie die Pflegämter Gräfenberg, Hiltpoltstein und Betzenstein.

Unter diesen Verhältnissen war die Erhaltung der Selbstständigkeit und Unmittelbarkeit kaum mehr denkbar und der bisherige Zustand unhaltbar geworden. Die am 12. Juli 1806 zu Paris geschlossene Conföderations=Akte der Rheinischen Bundesstaaten zur Begründung einer neuen Constitution in Deutschland, wodurch ein großer Theil der deutschen Fürsten vom Reiche sich lossagte, entschied auch das Schicksal Nürnbergs und machte seiner Selbstständigkeit und Reichsfreiheit ein Ende. Schon während der Verhandlungen, die dem Abschluß der Conföderationsakte vorangingen, und namentlich zu Anfang Juli 1806 erhielt der Ministerpräsident Abel, der die noch bestehenden Reichsstädte am Pariser Hofe vertrat, einige Winke und Nachrichten, die für die Erhaltung der Unmittelbarkeit Nürnbergs große Besorgnisse erregten und seine Ueberlassung an Bayern, und zwar mit voller Souveränetät und allem Eigenthum, als bevorstehend bezeichneten. Abel begab sich sogleich zum Minister Talleyrand um Näheres darüber zu erfahren, dieser aber erklärte die Sache für ein bloßes bruit de ville. Im Laufe der Unterredung merkte jedoch Abel, daß die erhaltenen Nachrichten nicht so grundlos seien, als der Minister sich den Anschein gab, und daß namentlich Frankfurts Schicksal, das mit Souveränetät und Territorium an den Fürsten Primas kommen sollte, soviel wie entschieden sei. Er hatte schon früher dem Minister Talleyrand eine Note übergeben, worin die Gründe für die Erhaltung der beiden Reichsstädte Nürnberg und Frankfurt dargelegt wurden. Nunmehr wiederholte er dieselben in einer abermaligen Note, worin er bezüglich Nürnbergs beifügte, dieses könne bei seiner Unmittelbarkeit leicht erhalten werden, auch dann, wenn vielleicht schon beschlossen sei, daß Bayern noch weitere Gebiets=Vergrößerungen in Franken erhalten sollte. Man soll der Stadt nur ein purifizirtes Gebiet in einem Umkreise von einer Meile anweisen, dasselbe und die Nürnberger Commerzialverhältnisse unter die Garantie Frankreichs stellen und für die Territorial=Revenuen des übrigen Gebietes einen mit deren Abtretung im Verhältnisse stehenden Theil der Nürnberger Staatsschulden übernehmen. Auch müßten der Stadt alle Rechte und Einkünfte belassen werden, die nicht von der Landeshoheit abhängen.

Unterm 6. und 7. Juli gab Resident Abel dem Rath von diesen seinen Bemühungen, aber auch von seinen Besorgnissen Kenntniß. Seine Briefe waren ohne Unterschrift. Nach Empfang derselben traten die 7 ältern Herrn des Rathes und die Rathsconsulenten Carl, Deinzer, Popp und Kalhard am 15. Juli zu einer Conferenz zusammen, um über die Antwort an Abel zu berathen. Es wurde beschlossen, dem Bürgerausschuß und den sogenannten Selekten, die ursprünglich nur zur Behandlung des Vergleichsgeschäfts mit Preußen und Bayern aufgestellt waren, den Inhalt der Abel'schen Briefe nicht mitzutheilen, weil man für die Verschwiegenheit derselben nicht stehen könne, sondern die Verhandlungen in die Hände des Septemvirats als derjenigen Behörde zu geben, der die Behandlung der geheimen Staatsangelegenheiten verfassungsmäßig zustehe. — Bei dieser Conferenz stellte sich heraus, daß mehrere ihrer Mitglieder über die Lage der Dinge in gänzlicher Täuschung befangen waren. Sie erklärten, Abel habe seine Instruktionen überschritten und einen für die Unmittelbarkeit der Stadt viel zu beschränkten Gebietsumfang beantragt. Die Gebietsgränzen müßten viel weiter gesteckt sein. Die Mehrheit der Conferenz aber gab sich solchen Täuschungen nicht hin und nahm Abel in Schutz. Sie war zwar auch damit einverstanden, daß derselbe aufzufordern sei, er möge seine Bemühungen zur Erhaltung der Unmittelbarkeit fortsetzen, sei aber diese nicht mehr zu retten, so soll er Alles daransetzen, daß Nürnberg nicht wie Augsburg unbedingt hingegeben,*) sondern unter günstigeren Bedingungen dem neuen Herrscher überlassen werde. Bei diesen Bedingungen wäre sodann der ehemalige Preußische Subjektions-Vertrag zu Grunde zu legen, von einem solchen Vorschlag aber nur auf den äußersten Nothfall Gebrauch zu machen, wenn nämlich Nürnbergs Unmittelbarkeit schlechterdings nicht mehr zu retten sei.

In dieser Conferenz wurde auch wegen des Schreibens berathen, das König Max von Bayern unterm 8. Juli an den Rath erlassen hatte. Nürnberg nämlich hatte sich bei dem König wiederholt beschwert wegen der Eingriffe, die gegen seine Gerechtsame von Seiten einiger Aemter des mit Bayern vereinigten Fürstenthums Bamberg vorgenommen worden. Der König erklärte, er habe die Sache untersuchen lassen, es habe sich aber gezeigt, daß des Raths Reclamationen gegen Handlungen gerichtet seien, zu welchen

---

*) Augsburg gelangte durch den 13. Artikel des Presburger Friedens an Bayern. Der Reichsdeputations-Receß vom Jahre 1803 hatte es den 6 freien Reichsstädten zugezählt, deren Unmittelbarkeit erhalten werden sollte.

jene Aemter in Gemäßheit der durch den Presburger Frieden an Bayern gelangten Souveränetätrechte berechtigt waren. Uebrigens sei er geneigt, durch ein dem beiderseitigen Interesse angemessenes allgemeines Arrangement die schon so lange andauernden Territorial-Irrungen auszugleichen und auf einer dauerhaften Grundlage zur Wiederherstellung des alten Wohlstandes der Stadt mitzuwirken. Geeignete Vorschläge, die zu einem solchen Resultate führen könnten, soll der Rath an den königlichen General-Commissär in Franken, Grafen von Thürheim, richten. Derselbe habe ausreichende Vollmacht, mit dem Rath hierüber in Unterhandlung zu treten.

Ob es Bayern als Mitglied des eben damals dem Abschlusse nahen Rheinbundes mit diesen Unterhandlungen Ernst gewesen, möchte fast bezweifelt werden. Das Schreiben des Königs datirt vom 8. Juli und die Rheinbundsakte, die Nürnberg der Krone Bayern einverleibte, vom 12. desselben Monats. Wenn der König von der Wiederherstellung des alten Wohlstandes der Stadt auf dauerhafter Grundlage spricht, so mag diese Aeußerung dem bevorstehenden Ereignisse der Einverleibung gelten, das für ihn unmöglich ein Geheimniß sein konnte. — Bei den Mitgliedern der Conferenz aber erweckte das königliche Schreiben Hoffnungen, die nicht begründet waren und auch nicht in Erfüllung gehen sollten. Man fand in demselben „beruhigende Aussichten" und hielt für nöthig, das Anerbieten des Königs augenblicklich zu benützen und eine Deputation an den Grafen von Thürheim abgehen zu lassen. Dem Minister-Residenten Abel sollte eine Abschrift des königlichen Schreibens mitgetheilt werden.

Am 16., 17. und 18. Juli trat die Conferenz, zu der auch Consulent Roth nnd der Subdelegat Gemming beigezogen wurden, abermals zusammen, um über die Antwort an Abel und die Punktation sich schlüssig zu machen, die man demselben für den Fall, daß Nürnberg in fremde Hände kommen sollte, nach Paris überschicken wollte. Es wurde dabei die Frage, ob man den Selekten nicht dennoch Mittheilung von der Sache machen sollte, abermals aufgeworfen und neuerdings verneint. Hierauf wurde die Punktation mit den Bedingungen, unter welchen man sich Bayern unterwerfen wollte, verlesen und genehmigt. Nürnberg — so lauteten sie im Wesentlichen — könne für das große Opfer seiner Selbstständigkeit und Unmittelbarkeit nur Ersatz finden:

1. in der unbeschränkten Achtung und Aufrechthaltung des Privateigenthums und der wohlerworbenen Rechte jedes einzelnen Bürgers und Unterthans, sodann aller öffentlichen und Privatstiftungen, Successionsverordnungen, Verträge und Privilegien;
2. darin, daß Nürnberg einer Haupt- und Residenzstadt gleichgestellt werde und alle Vortheile erlange, die die am meisten privilegirte Stadt des neuen Landesherrn genieße; daß von den übrigen Staaten desselben nie eine Handels- oder Victualiensperre gegen sie angelegt, die Consumtionsauflagen so nieder als möglich angesetzt und das System der öffentlichen Auflagen unter Aufhebung des bisherigen nach jenem der meistbeglückten Provinz eingerichtet werde; ferner daß dem Nürnbergischen Handels- und Handwerksstande jeder Vorschub geleistet, Handel und Gewerbe nicht gestört,

die dem Handel höchst nothwendige Freiheit nicht verkürzt oder durch Auflagen beschränkt, die bisherigen musterhaften Einrichtungen in Bezug auf den Handel beibehalten, deßhalb auch kein Jude in die Stadt oder Vorstädte gelassen, und der öffentliche Religionsstand in der Stadt und ihrem Gebiete unverändert erhalten werde;

3. in einer beständigen Befreiung der Bürger und Einwohner in der Stadt und den Vorstädten und innerhalb der Linien von der Aushebung zum Kriegsdienste, welche Befreiung sich auch auf die Bürger in den Pflegämtern und auf ihre erste Generation erstrecken soll;

4. in der Befreiung sämmtlicher Häuser in der Stadt und den Vorstädten und innerhalb der Linien, desgleichen der herrschaftlichen Schlösser auf dem Lande von aller Militär-Einquartierung, ferners in der Errichtung von Kasernen und der Bezahlung eines Miethzinses, falls die Bürgerschaft sich freiwillig herbeilassen sollte, Militär in ihre Wohnungen aufzunehmen;

5. in der Berechtigung aller Nürnbergischen Bürger, Einwohner und Unterthanen zur Anstellung in allen Branchen des Staatsdienstes und in allen Staaten des neuen Landesherrn;

6. in der Bewilligung und Anordnung eines eigenen Magistrats, der seine untergeordneten Beamte selbst ernenne, dann der nöthigen Civil-, Consistorial- und Criminal-Instanzen, eines eigenen Handelsgerichtes und der erforderlichen Polizei- und Finanz-Admini-

strationen, und zwar dergestalt, daß allen diesen Behörden und selbst der obersten Landesdirektion und Justizstelle der Sitz in der Stadt angewiesen, der Magistrat, wie bisher, unmittelbar durch die Bürgerschaft gewählt und, wie das Handelsgericht und die Criminal-Instanz, lediglich aus Nürnbergischen Bürgern formirt, die übrigen Behörden aber zum größern Theil mit Eingebornen besetzt, dem Magistrat angemessene Kammergüter und Gefälle angewiesen, demselben auch die erste Instanz in Civil-, Handwerks- und Vormundschafts-Sachen, wie nicht weniger die Mitwirkung in Polizeisachen und die Aufsicht über die milden Stiftungen und Wohlthätigkeits-Anstalten zugetheilt werden;

7. in der landesherrlichen Uebernahme, Garantie und Bezahlung sämmtlicher Nürnbergischen Staatsschulden und der rückständigen und laufenden Interessen nach dem ausdrücklichen Inhalte der Schuldbriefe und nach Maßgabe der von dem kaiserlichen Subdelegaten vorgenommenen Liquidation, mit Einschluß aller während des letzten Krieges gemachten Schulden, so daß durch gedachte Liquidation diejenigen Staats-Gläubiger nicht präjudizirt werden, die aus legalen Behinderungs-Ursachen ihre Forderungen noch nicht haben liquidiren können;

8. in der thätigsten Fürsorge für die Cultur der der Nürnberger Bürgerschaft zugehörigen Staats-Commun-Waldungen, namentlich der Reichswälder, in der Aufrechthaltung des ausschließlichen Beholzungsrechtes, der Befreiung der Bürger und der eingeforsteten

Landschaft von neuen ungewöhnlichen Taxen und in der Fernhaltung neuer Einforstungen;

9. in der Bestätigung aller wohlerworbenen Patrimonial-Gerichtsbarkeiten, Hofmarksgerichte, guts- und lehenherrlichen Befugnisse sämmtlicher Nürnbergischer Bürger und Staatsangehörigen;

10. in dem lebenslänglichen Fortbezuge aller bereits fixirten Besoldungen und rechtmäßigen Emolumente des Magistrats, der Staatsbeamten und übrigen Diener, die auch nicht gedrungen werden sollen, wider ihren Willen eine Anstellung außerhalb des Nürnbergischen Gebietes oder in demselben ein solches Amt anzunehmen, das ihrem vorigen Range oder Einkommen nicht gleichkäme, ihren Kräften nicht angemessen wäre oder nachtheilige Folgen für ihre bisherige häusliche Einrichtung hätte;

11. in Bewilligung aller Vortheile, die Nürnberg im Jahre 1796, als es sich der Preußischen Landeshoheit nothgedrungen unterwerfen wollte, für die hohe Schule zu Altdorf, die Professoren und ihre Wittwen, dann für die Bibliotheken, Stiftungsfonds, Stipendien 2c. auf den Fall bedungen und zugesagt erhalten hatte, daß die Universität nicht unverändert wollte belassen werden;

12. in der Einverleibung und Einreihung des Nürnbergischen Militärs unter die Truppen des neuen Landesherrn nach dem bisherigen Grade eines jeden Individuums und in der Weise, daß diejenigen, die nicht angestellt werden, gleichwohl ihren Titel, Rang und Gehalt auf Lebenszeit behalten.

13. in der Bewilligung derjenigen persönlichen und dinglichen Rechte für das Nürnberger Patriziat, die der neue Landesherr dem Adel in seinen übrigen Erbstaaten zugesteht, und in der Bestätigung der patrizischen Privatstiftungen, Lehen, Fideicommisse und Successions- und Familien-Rechte;
14. und endlich darin, daß der Stadt Nürnberg und ihren Bürgern und Angehörigen gleich den mediatisirten Reichsstädten Regensburg und Wetzlar die zugesicherte unbedingte Neutralität fernerhin zugestanden, und sie auch nicht gedrungen werden sollen, zu den während des letzten Krieges erwachsenen Kriegskosten einen Beitrag zu leisten.

Alle diese Bedingungen sollten aber nicht bloß dem noch freien und unbesetzten Gebiete der Stadt, sondern auch denjenigen Aemtern und Gebietstheilen zu Gute kommen, die von Bayern und Preußen noch occupirt wurden und etwa künftig aus der Hand Preußens in den Besitz des Königs von Bayern kommen könnten.

Es wurde die unverzügliche Absendung dieser Punktation an Abel beschlossen und demselben bedeutet, daß der von ihm in Antrag gebrachte Territorialumfang von einer Meile in die Runde viel zu beschränkt sei und Alles angewendet werden müsse, ein ausgedehnteres Territorium zu erhalten. Die Hoffnung auf Erhaltung der Selbstständigkeit ward noch genährt durch den Umstand, daß das Schicksal Frankfurts bereits entschieden und bekannt war, über Nürnberg aber die Gerüchte noch unbestimmt und zweifelhaft lauteten. Es war das eine Zeit der qualvollsten Ungewißheit. Noch gegen Ende Juni erschienen die Aussichten für Nürnberg und die Erhaltung seiner Unmittelbarkeit nicht ungünstig. Damals stellte Abel bei Talleyrand den Antrag, man soll die Pegnitz und das zunächst an derselben gelegene Gebiet unter der Herrschaft der Stadt lassen, die Pflegämter dagegen an Bayern abtreten. Da diesem Antrage nicht direkt entgegen getreten wurde, so glaubte man, ihn zur Basis für weitere Transaktionen zwischen Nürnberg, Preußen und Bayern machen zu können. Abel erhielt den Auftrag, darauf hinzuarbeiten, daß das Stadtgebiet möglichst erweitert und östlich wenigstens bis über Lauf hinaus erstreckt, und im Süden das Gebiet an der Schwarzach und Wendelstein der Stadt überlassen werde. Sei jedoch Nürnbergs Unterdrückung entschieden und unabwendbar, dann möge er Alles aufbieten, daß die Stadt nicht unbedingt hingegeben, sondern ihr die bestmöglichsten Bedingungen von Frankreich stipulirt und zugesichert werden. Auch soll er alles vermeiden, was zu der Vermuthung führen könnte, daß Nürnberg zu einer freiwilligen Uebergabe geneigt sei, und von der überschickten Punktation nur dann Gebrauch machen, wenn die letzte Hoffnung auf die Erhaltung der Selbstständigkeit geschwunden. In diesem Falle soll alsdann die Punktation nicht als das Ergebniß der Conferenzen, sondern als die Idee eines patriotischen Bürgers, die alle Billigung verdiente, hingestellt werden.

Am 18. Juli wurde die Punktation mit einem Schreiben des Rathsconsulenten Popp nach Paris an Abel abgesendet.

Des andern Tags traf der General-Landescommissär, Graf von Thürheim, zu Nürnberg ein. Der Rath ließ ihm durch eine Deputation die Aufwartung machen und das

Schreiben des Königs wegen der Vergleichsverhandlungen über die Nürnbergischen Beschwerden gegen die Bambergischen Aemter mit der Bitte zustellen, dieses Geschäft entweder in eigener Person auf sich zu nehmen oder anstatt seiner einen Bevollmächtigten aufzustellen. Graf Thürheim, der von der Sachlage wahrscheinlich schon unterichtet war, antwortete ausweichend und zurückhaltend. Es wurde weiter nichts ausgemacht, als daß eine Deputation zu ihm nach Ansbach kommen sollte. Nürnberg dachte noch immer an's Unterhandeln. So schwer konnte man sich von dem Gedanken der alten Freiheit und Selbständigkeit trennen, obwohl sein Loos schon seit Wochen entschieden war.

Unterdessen war Abel neuerdings zu Talleyrand gegangen, um Nachrichten über das Schicksal der von ihm vertretenen Reichsstädte zu erfahren. Am 16. Juli erklärte ihm Talleyrand in positiver Weise, Nürnberg komme an Bayern, und sei hierin nichts mehr zu ändern. Als Abel nach den Bedingungen und den Verhältnissen fragte, in die es zum neuen Landesherrn treten sollte, ging Talleyrand mit der Sprache nicht heraus, sondern beschied ihn auf den folgenden Tag. Abel theilte diese Neuigkeit dem Rathe unverweilt mit. Nach Empfang derselben traten das Septemvirat und die Rathsconsulenten Carl, Deinzer, Roth und Kalbard am 27. Juli zu einer Conferenz zusammen. Trotz der erhaltenen bestimmten Nachrichten nährte man noch immer einen Funken Hoffnung, sie möchten sich vielleicht doch nicht bestätigen, und es wurde der einmüthige Beschluß gefaßt, auf das eingelangte Schreiben vor der Hand nichts zu unternehmen, sondern weitere Nachrichten aus Paris abzuwarten, „da man eines Theils noch keine

Gewißheit darüber habe, daß die von Abel ertheilte Nachricht als entscheidend anzunehmen sei, und andern Theils noch dahin stehe, welche Folgen etwa die Weigerung der Höfe, welche noch nicht in die neue Föderationsakte willigen wollen, nach sich ziehen, und ob überhaupt der jetzige Stand der Dinge bei den so sehr verwickelten Verhältnissen nicht noch eine ganz andere Gestalt gewinnen dürfte."

In der That rechnete die Conferenz auf einen Umschwung der Dinge und auf das Eintreten von Ereignissen, die ihren auf die Erhaltung der Unmittelbarkeit gerichteten Bestrebungen förderlich sein sollten. Man wollte sich deshalb durch Unterhandlungen mit dem neuen Landesherrn nicht zum Voraus die Hände binden. Es wurde beschlossen, die Sache in höchster Geheim zu halten, dem Rath und den Genannten nichts mitzutheilen, sondern Alles dem Septemvirat zur privativen Behandlung zu überlassen. An den König von Bayern soll eine Antwort auf sein Schreiben vom 8 Juli gerichtet, an den Grafen von Thürheim ein Empfehlungsschreiben abgelassen und die Basis des Vergleichs festgestellt werden. Zu den Vergleichsverhandlungen seien der Rathsdirektor Christoph Carl Joseph Ludwig Freiherr von Geuder, der erste Raths-Consulent Dr. Friedrich Popp und der Senator Jobst Wilhelm Carl Freiherr von Tucher an Graf Thürheim nach Ansbach abzuordnen.

Letzteres geschah ohne Verzug. Am 31. Juli Nachts 10 Uhr kamen sie zu Ansbach an. Des andern Tags um 8 Uhr Morgens waren sie zur Audienz bestellt. Sie saßen bereits im Wagen, um zum Grafen zu fahren, da ließ er ihnen sagen, es sei ein Hinderniß eingetreten, und er erwarte sie um 12 Uhr. Als sie zur bestimmten Stunde erschienen, wurden sie mit vieler Güte aufgenommen. Kaum hatte jedoch Geuder angefangen, seinen Auftrag wegen des Vergleichsgeschäftes auszurichten, und von dem Schreiben zu sprechen, das sie Namens des Rathes zu überreichen die Ehre hätten, so fiel ihm der Graf ins Wort: „Haben Sie durch Staffette die Anzeige erhalten, daß Lichtenau von uns in Besitz genommen sei?" Und auf obiges Schreiben übergehend, sagte er, es sei ihm sehr angenehm, dasselbe zu erhalten, es hätten sich aber die Umstände so sehr verändert, daß er sich unmöglich mit Vergleichs-Verhandlungen über bestehende Irrungen mit Nürnberg befassen könne. Die Abgeordneten würden wohl selbst schon die Nachricht haben, daß Nürnbergs Schicksal indessen entschieden worden sei. Der Hof zu München wisse von dieser Sache erst seit 6 Tagen. Kaiser Napoleon habe den Kriegsminister, Prinzen Alexander (Berthier), mit der Besetzung Nürnbergs beauftragt, und diese werde demnächst durch den Reichsmarschall erfolgen, aber in anderer Weise, als sie bisher bestanden. Das könne er der Deputation offiziell, nein, nicht offiziell, sondern blos im Vertrauen sagen. Wem Nürnberg zu Theil werde, sei noch nicht ganz bestimmt bekannt; in den nächsten 2 Tagen werde sich Alles aufklären, alle Umstände jedoch ließen bestimmt vermuthen, daß die Stadt an Bayern komme. Er könne ihnen in diesem Augenblick nichts Besseres rathen, als daß sie, mit unbeschränkter Vollmacht des Rathes versehen, auf der Stelle nach München gehen und für die Stadt gute Conditionen zu erlangen suchen. Diese würden sie jetzt noch leichter erhalten, da ein solches vertrauensvolles Entgegenkommen von Seite des Hofes sicher wohlgefällig aufgenommen würde. Später oder auch schon nach wenigen Tagen dürften sie sich in einer so vortheilhaften Lage nicht mehr befinden.

Als die Abgeordneten auf die Verschiedenheit hindeuteten, die zwischen einer freiwilligen Hingabe und einer Ueberlassung bestehe, die durch die Gewalt des Schicksals herbeigeführt worden, fuhr der Graf nach einer kleinen Pause fort: Der Kriegsminister werde das Ganze wissen; bei diesem sollten sie sich zuerst erkundigen. Sie werden dann um so sicherer handeln, wenn sie seine (Thürheim's) Vermuthungen bestätigt fänden. Nürnberg werde unter keinem Herrn so glücklich sein wie unter dem König von Bayern. Dieser werde den Handel der Stadt wieder empor und in den höchsten Flor zu bringen trachten u. s. w. Er werde inzwischen seine Unterredung mit ihnen nach München berichten und ihnen eine gute Aufnahme vorbereiten.

Die Abgeordneten konnten sich das nicht verbitten, aber auch nicht versprechen, daß des Ministers Rath befolgt werden soll. Sie erklärten nur, schleunig zurückkehren und referiren zu wollen. Als sie den Grafen um Mittheilung neuer Nachrichten, wenn ihm solche mittlerweile zukommen sollten, baten, versprach er es, jedoch mit dem Anfügen, sie sollten sich von der Reise nach München durch Nichts abhalten lassen. Am Schlusse der Unterredung kam er noch einmal auf die Besetzung von Lichtenau zu sprechen. Der Consulent Popp erwiderte ihm, er habe darüber nichts weiter zu erinnern. Wolle es das Schicksal, daß Nürnberg dem König ganz angehöre, so sei es eins, ob dieser Lichtenau einige Tage früher oder später habe. Der Minister versetzte: „Sie verlassen mich mit einer Protestation!" Und als ihn Popp darüber aufklären wollte, setzte er hinzu:

„Sie war aber sehr fein". — Sie wollten gleich abreisen, bekamen aber erst um 4 Uhr Pferde. Nachts um halb 10 Uhr trafen sie zu Nürnberg ein.

II.
Die Nürnbergische Raths-Deputation zu München und am königlichen Hoflager.

Am 2. August versammelten sich die 7 ältern Herren des Rathes, um den Bericht der von Ansbach zurückgekehrten Deputation zu vernehmen. Sie ertheilten dem Consulenten Roth den Auftrag, dem engsten Genannten-Ausschuß vor der Hand über den angebotenen Vergleich mit Bayern, und im Allgemeinen auch über die veränderte Lage Nachricht zu geben. Es blieb ihnen nichts mehr übrig, als dem Rath des Grafen Thürheim zu folgen und eine Deputation nach München abzuordnen. Sie ließen den Rathsdirektor Scuder, den Reichstagsabgesandten Tucher und den Consulenten Popp ersuchen, sich nun auch der Reise nach München, und zwar über Regensburg, zu unterziehen und in diesen beiden Städten Erkundigung einzuziehen. Wenn sie dann vollständige, auf offizielle Nachrichten und unbezweifelte Thatsachen gegründete und evidente Ueberzeugung gewonnen hätten, daß das Loos Nürnbergs unabänderlich entschieden und Stadt und Gebiet Bayern wirklich und unwiederbringlich zugetheilt worden sei, so sollen sie dem König und dem Minister von Montgelas die Aufwartung machen, nach Möglichkeit auf gute Bedingungen bedacht sein und dabei der an Abel gesendeten Punctation sich bedienen. Consulent Popp setzte ein Schreiben auf, das die Deputation Namens des Septemvirats dem König bei der Audienz überreichen sollte.

Die Deputirten reisten alsbald ab. Am 5. August kamen sie in München an. Im Gasthofe, in dem sie abstiegen, wohnte auch ein geheimer Rath, der einem von ihnen persönlich bekannt und von einem der conföderirten Fürsten zur Unterzeichnung der Conföderationsakte bevollmächtigt war. Dieser theilte ihnen eine Abschrift der Akte mit, aus der sie nun zum erstenmale nach einem diplomatischen Aktenstücke die wirkliche Uebergabe der Stadt an Bayern erfuhren. Aber der Inhalt derselben setzte sie in neue Verlegenheit. Denn der §. 17. der Akte lautete hier bloß auf die Souveränetätsrechte, die Bayern über Nürnberg erhalten sollte, und nicht auch zugleich auf das Eigenthum, wie Abel aus Paris berichtet hatte. Eine andere Abschrift der Akte, die sie bei einem bayerischen Staatsrath einsahen, lautete ebenfalls nur auf die Souveränetät.

Um allen Zweifeln ein Ende zu machen, ersuchten sie am 6. August den zu München anwesenden französischen Kriegsminister um eine Audienz; dieser war aber durchaus nicht zu sprechen. Der französische Ambassadeur Otto, dem sie desselben Tags die Aufwartung machten, erklärte, von der Sache nichts weiter zu wissen, als daß Nürnbergs Schicksal entschieden sei und daß es an Bayern komme. — Da die Uebergabe der Stadt unter denjenigen Uebertragungen aufgeführt war, bei welchen auch die Eigenthumsrechte überlassen werden sollten, Frankfurt in derselben Kathegorie stand und kein besonderer Grund vorhanden war, der eine andere Behandlung Nürnbergs nöthig machte, so wurde es den Deputirten endlich klar, daß Nürnberg auch mit dem Eigenthume an Bayern übergehen soll. Zum Ueberfluß erhielten sie noch am Abend desselben Tages Einsicht vom Original der Conföderationsakte. Artikel 17. derselben lautete: „Bayern erhält mit Eigenthums- und Souveränetäts-Rechten die Stadt und das Territorium Nürnberg, die Deutschordens-Commenderien Rohr und Waldstetten". Die bisherige Ungewißheit und Verlegenheit hatte nun ein Ende. Sie fanden, daß Abel die Wahrheit berichtet habe. Dasselbe vernahmen sie des andern Tages auch aus dem Munde des Kriegsministers Fürsten von Neufchatel.

Sie sahen nun, daß der Augenblick gekommen war, um den Minister Montgelas um Audienz zu bitten. Am 7. August Mittags um halb 12 Uhr wurden sie bei demselben gemeldet und auf der Stelle sehr freundlich und gnädig empfangen. Statt aller Einleitung übergaben sie ein Schreiben des Septemvirats. Nachdem er es gelesen, erklärte er, Nürnbergs Loos sei entschieden, es komme an Bayern, der König werde das Wohl der Stadt zu befördern suchen und von Allem dem nichts versagen, was die Krone Preußen für Nürnberg habe thun wollen. Ihre desfallsigen Wünsche sollen sie ihm schriftlich übergeben. Sie erwiderten, diese bestünden im Ganzen in nichts Anderem als in dem, was bei der intendirten Subjection i. J. 1796 von Preußen der Stadt zugestanden worden sei, und außer demselben würden nur noch wenige aus den dermaligen Verhältnissen abgeleitete Zusätze nöthig sein. Sie überreichten sodann dem Minister eine Abschrift der unterm 18. Juli an Abel abgeschickten Punctation und des Subjectionsvertrages mit Preußen. Der Minister versicherte, er werde Alles aufs

Genaueste durchgehen und überlegen, und dem König über ihre Wünsche und Anträge schleunigst referiren. Darauf baten sie ihn, ihnen bei seiner Majestät Audienz zu verschaffen; sie hätten ein Schreiben an denselben abzugeben. Eine Copie davon theilten sie dem Minister mit. Dieser wies sie wegen der Audienz beim König an den Oberstkämmerer; dadurch hoffe er, 3 bis 4 Tage Zeit zu gewinnen, um unterdessen, und ehe sie bei dem König erscheinen, mit ihm über ihre Angelegenheit ausführlich sprechen zu können.

Nach dieser Audienz fuhren sie sogleich zum Oberstkämmerer, der sie augenblicklich, ohne daß sie nur zwei Minuten warten durften, und äußerst leutselig empfing. — So standen die Sachen bis zum 7. August Nachmittags 4 Uhr. Am nämlichen Tage noch berichteten sie an die ältern Herren, mit der Bitte, das Detail davon Niemanden als den Mitgliedern des geheimen Rathes und den in dieser Angelegenheit bisher verwendeten Consulenten mitzutheilen. Als ganz zuverläßige Nachricht fügten sie noch Folgendes bei: „des Kaisers von Frankreich Majestät hat, soweit über die Conföderations-Angelegenheit in Deutschland etwas zu verhandeln war, einzig und allein durch den Herzog Kriegsminister verhandeln lassen, der zu diesem Ende den Charakter eines ministre plenipotentiaire erhalten hatte. Die cedirten Territorien werden nächstens von französischen Truppen militärisch besetzt werden, ohne jedoch noch zur Zeit zu erklären, für wen die Besitznahme geschehe. Der Herzog Kriegsminister hat hiezu schon vorlängst die Befehle des Kaisers, die seinigen hingegen sind ebenfalls bereits an die Marschälle erlassen. Die Regierungen in den

cedirten Territorien bleiben bis zur dereinstigen Civilbesitz=
nahme unverändert in ihren Functionen, und wir haben
gegründete Hoffnung, daß durch die militärische Besitznahme
keine vermehrte Truppenzahl nach Nürnberg kommen, und
die dort befindlichen nicht länger als nur etwa 14 Tage
noch bleiben werden." Mit diesem Berichte überschickten
sie dem Rathe eine Uebersetzung der Conföderationsakte,
die sie beim Schlusse ihres Briefes noch ganz naß aus der
Presse erhalten hatten.

Schon des andern Tages früh Morgens um 8 Uhr
wurde ihnen die Stunde zur Audienz bei dem König be=
kannt gegeben. Kaum waren sie zu Nymphenburg ange=
kommen, so wurden sie zu ihm gerufen. Es war 11 Uhr.
Der König empfing sie mit der ihm eigenen natürlichen
Freundlichkeit, Huld und Offenheit. Der Raths=Direktor
Geuder hielt an ihn eine passende Anrede und übergab das
Schreiben des Rathes, das also lautete:

„Allerdurchlauchtigster großmächtigster König, allergnä=
digster König und Herr! — Die allmächtige Hand, welche
dem Weltkreise und dem einzelnen Menschen sein Schicksal
bestimmt und alle Schicksale zum dauernden Glücke des
Ganzen ordnet, — welche Königen Kronen gibt, um Völker
zu beglücken — diese allmächtige Hand hat auch Eurer
königlichen Majestät die Krone, und mit ihr Millionen
Menschen Aussichten und Hoffnungen auf Wohlstand, auf
Freude und auf eine segensvolle Zukunft gegeben."

„Entfernter zwar damals von Eurer Königlichen Ma=
jestät pries Nürnberg dennoch mit den innigsten Gefühlen
den hohen wohlthätigen Gang, den die Vorsehung nahm.
Eure Königliche Majestät sind uns nun näher getreten.

Sie sollen, Sie wollen Herrscher und Vater Nürnbergs, mehrerer Tausend guter Menschen sein; und für uns, für diese Tausende, bleibt nichts zu wünschen übrig, als langes beglücktes Leben dem gekrönten Menschenfreunde, dem weisen Herrscher, dem liebevollen Vater, Heil und Glück der allgeliebten Königin, dem ganzen königlichem Hause, und sanfte Ruhe für Bayern unter der Palme des Friedens!"

„Nehmen Eure Königliche Majestät mit diesen treuen Empfindungen unserer und der ganzen hiesigen Bürgerschaft, zugleich auch die Huldigung allergnädigst auf, welche unsere Bevollmächtigte, der ältere geheime und innere Raths-Director, Christoph Carl Joseph Ludwig Freiherr von Geuder, dann unser und hiesiger gemeiner Stadt vorderer Consulent, Herr Doktor Friedrich Popp, und unsers geheimen und innern Raths Mitglied, Jobst Wilhelm Carl Freiherr von Tucher, allerunterthänigst darbringen werden."

„Mögten diese unsere Bevollmächtigten dagegen die allerhuldvollste Zusage zurückbringen, daß Eure Königliche Majestät Nürnbergs mit ausgezeichneter Königlicher Gnade zugedenken und unsere allersubmissesten Bitten und Wünsche allermildest zu erfüllen geruht haben, die Allerhöchstdenselben sie in allertiefster Ehrfurcht vorzutragen beauftragt sind. Sie bezwecken einzig nur das Wohl des Ganzen, das von dem Wohle der Einzelnen meist unzertrennbar ist. Um desto freudiger sehen wir ihrer allergnädigsten Erfüllung und durch sie der glücklichsten Zukunft für Nürnberg entgegen." „Ewig mit dem höchsten Grade der Ehrfurcht und Liebe." Nürnberg, am 2. August 1806.

Eurer Königlichen Majestät
allerunterthänigste
des Raths Aeltere und Geheime der Reichsstadt Nürnberg.

Nachdem der König die Ansprache des Rathsdirektors Genber aufmerksam angehört hatte, fragte er lächelnd: „Ist es denn schon so bekannt, daß Nürnberg mein gehört?" — Dann ließ er sich mit den Deputirten in ein lebhaftes Gespräch ein. Unter Anderm äußerte er sich, der Verlust der Reichsunmittelbarkeit sei für Nürnberg allerdings ein Unglück. Da es aber nun einmal nicht anders habe sein können, so hoffe er, es werde für die Stadt noch immer das Beste sein, daß sie ihm statt einem Andern zugetheilt worden. „Ihr Herrn, habt viele Schulden", sagte der König, zeigte sich aber sehr befriedigt, als ihm darauf geantwortet wurde, die Stadt habe aber auch Kapital genug, um bei weisen Einrichtungen, zu denen man bisher weder Geld noch Kräfte genug gehabt, die Schulden reichlich auszugleichen. — Der König ließ sich auch gerne daran erinnern, daß er vor 4 Jahren, als die Nürnbergische Deputation zum Zweitenmale nach München gekommen war*), bei der Antritts-Audienz die Worte an sie gerichtet hatte: „Es ist mir lieb, ihr Herren, daß ihr wieder da seid; wenn ihr aber mein wäret, wäre es mir noch lieber". — Sodann versicherte er, Alles für Nürnberg thun zu wollen, was die Stadt glücklich machen könne; auch hoffe er, dafür bekannt zu sein, daß er gerne das Gute wolle. Bayern, Schwaben und Franken haben zwar viel gelitten; wenn man aber ein paar Jahre ausruhen könne, so werde Alles besser werden, und man werde das thun können, was man dermalen

---

*) Die Deputation, die der Rath im Jahre 1802 an das Hoflager nach München abgeschickt hatte, um wegen der von Churbayern sequestrirten Nürnbergischen Gefälle einen Vergleich zu unterhandeln.

unterlassen müsse. — Als die Deputation äußerte, der König werde finden, daß Nürnberg und sein Gebiet kein kleiner Stein in seiner Krone seien, versetzte er lebhaft: „Davon bin ich überzeugt, und bin schon lange davon überzeugt gewesen; die Stadt wird es auch empfinden, und besonders werde ich Alles für die Handlung thun."

Unter diesen und andern Gesprächen, die alle Zeugniß gaben von der großen Huld und dem Wohlwollen des Königs gegen Nürnberg, verging beinahe eine halbe Stunde. Beim Abschied entließ er die Deputation mit dem Zuruf: „Auf Wiedersehen."

Ihre Wünsche und Bitten konnten sie dem König nicht speziell vortragen. Sie hatten dieselben erst des vorigen Tages dem Minister Montgelas übergeben und dieser noch keine Zeit gefunden, dem König darüber zu referiren. Sie hofften, im Laufe der nächsten zwei Tage abermals zum Minister zu kommen. — Noch desselben Tages (8. August) berichteten sie an den geheimen Rath ihrer Vaterstadt über ihre Audienz beim König.

Am 11. August versammelten sich das Septemvirat und die Consulenten, deren man sich in dieser wichtigen Angelegenheit bisher bedient hatte. Hier wurden nun die beiden Schreiben vom 7. und 8. August verlesen, die von der Deputation in München eingelangt waren. Der Verlust der Unmittelbarkeit, er war jetzt gewiß, und jede Hoffnung abgeschnitten. So sehr man sich mit diesem Gedanken bisher vertraut zu machen und auf das unvermeidliche Schicksal vorzubereiten suchte, so wirkten doch die Nachrichten aus München auf die Versammlung sehr niederschlagend. Doch die gnädige und huldvolle Aufnahme, die

die Rathsdeputation bei dem König und dem Minister gefunden, die günstigen Aeußerungen, die dabei fielen, das Vertrauen auf den König und die Zuversicht, womit man der Erfüllung der vorzüglichsten Wünsche und Bitten entgegensah, wirkten dagegen erhebend und tröstend und ließen eine gute Zukunft erwarten. — Es wurde nun von allen Seiten der Wunsch und das Verlangen ausgesprochen, der König möge die Stadt mit ihrem Gebiete, wie es vorhin existirte, ungetheilt erhalten und als ein eignes Fürstenthum, nämlich als Burggrafthum Nürnberg, behandeln und regieren und davon auch den Titel „Burggraf von und zu Nürnberg" führen. Für dasselbe sollen zu Nürnberg eigene Collegien errichtet werden. Eine Vereinigung Nürnbergs mit der Oberpfalz oder dem Fürstenthum Ansbach möge nach Kräften abgewendet werden. — Es wurde der Beschluß gefaßt, der Rathsdeputation zu München von diesen Wünschen Kenntniß zu geben und ihr die Erfüllung derselben zur Beruhigung der Bürgerschaft und Staatsdiener ans Herz zu legen. Würden die Nürnbergischen Pflegämter mit der Oberpfalz, und das Reichswäldergebiet mit Ansbach vereinigt, so bliebe die Stadt für sich allein und abhängig von der Oberpfalz oder von Ansbach. Die Auflösung aller Nürnbergischen Collegien und die Pensionirung oder Versetzung der Staatsdiener in andere Provinzen und an andere Collegien wäre sodann unvermeidlich. Eine solche Emigration werde das Glück und die Ruhe der meisten Staatsdiener zerstören, besonders derjenigen, die ein eigenes Anwesen zu Nürnberg haben oder in einem Alter stehen, in welchem man anderwärts nur schwer angewöhnen oder neue freundschaftliche Verbindungen schließen könne. — Consulent Deinzer brachte diese Wünsche des Rathes zu Papier und schickte sie noch am 11. August an die Deputirten nach München.

Uebrigens war schon damals stark die Rede davon, daß bloß das General-Landescommissariat und die Universität Altdorf nach Nürnberg verlegt, andere Collegien aber daselbst nicht errichtet werden sollen. Die von der Deputation mitgetheilte Nachricht, daß der Aufenthalt der Französischen Truppen zu Nürnberg nicht lange mehr dauern werde, erregte große Freude, da die Kosten unerschwinglich und ohne den völligen Ruin der Stadt nicht länger zu ertragen waren.

Die Deputirten fuhren unterdessen eifrig fort, bei hochgestellten und einflußreichen Personen der Residenz für ihre Vaterstadt zu sollicitiren. Sie fanden allenthalben gute Aufnahme und wußten jetzt, wo sie anklopfen sollten. Eine Resolution wurde ihnen jedoch vor der Hand nicht ertheilt. Diese sollte erst nach der Besitznahme erfolgen, wenn die Stadt von Frankreich an Bayern übergeben sein werde. Die königliche Regierung wollte nämlich dadurch, daß man Einiges zusagte, Anderes aber unerörtert ließ, keine unnöthigen Besorgnisse erregen. Doch wurde ihnen gute Hoffnung gemacht, daß zwei Hauptpunkte, nämlich die Uebernahme und Garantie der Staatsschulden und die unverkürzten Besoldungsbezüge für die Staatsdiener, jedenfalls durchgesetzt würden. — Bezüglich der gleichfalls beantragten Befreiung von der Conscription wurden sie auf das allgemeine Landesgesetz von 1805 aufmerksam gemacht. Man hielt es für sehr bedenklich, Nürnberg ohne die weitgehendsten Folgen dasjenige zuzugestehen, was keiner Stadt im ganzen

Lande, nicht einmal der Haupt- und Residenzstadt München, zugestanden worden. Es waren der Staatsregierung hierin in der That die Hände gebunden. Sie war sogar überzeugt, daß die Vortheile des Recrutements in Nürnberg nicht so groß seien, um die daraus entspringenden Nachtheile auszugleichen.

Nichts desto weniger richteten die Deputirten an die königliche Regierung eine eigene Eingabe um Befreiung von der Conscription oder doch um eine Milderung des Systems. Diese sollte darin bestehen, daß Nürnberg in dieser Hinsicht wie die am meisten begünstigte Stadt des Königreiches behandelt, die gegenwärtige Bürgerschaft und ihre erste Generation von der Militärpflichtigkeit befreit, das zwei bestimmten Confessionen wegen ihrer religiösen Meinungen im §. 3. des Reglements zugestandene Redemtionsrecht auch auf die Stadt Nürnberg und ihre Umgebungen, jedoch mit Abminderung des dort bestimmten Quantums von 185 fl., ausgedehnt, den Söhnen der Kaufleute und Manufacturiers, die auf der elterlichen Profession arbeiten, die Cantonsfreiheit bewilligt und den Conscribirten die Begünstigung zu Theil werde, nur zur Zeit eines wirklich drohenden Krieges zu ihren Regimentern einberufen zu werden.

Die Befreiung von der Conscription ließ Nürnberg durch den Residenten Abel auch in Paris, und insbesondere bei dem dortigen Bayerischen Gesandten von Cetto in Anregung bringen. Aber bezüglich dieses Punktes konnte man sich von keiner Seite einen günstigen Erfolg versprechen. Ueberhaupt wurde Manches von dem, was man bewilligen wollte, für bloße Gnade angesehen, da Nürnberg, wie es hieß, durch einen völkerrechtlichen Titel an Bayern gelangt sei; wäre eine freiwillige Unterwerfung eingetreten, so würde man mehr, selbst die Cantonsfreiheit erhalten haben. — Doch eine solche Unterwerfung, wie war sie möglich! Nürnberg hat selbst noch in den letzten Stunden seiner Reichsfreiheit auf Oesterreich gehofft, daß es gegen die Umgestaltung Deutschlands protestiren werde. Doch auch diese letzte Hoffnung schwand. Von Preußen war man ohnehin überzeugt, daß es stille sitzen werde. Daß es für Deutschland in die Schranken treten werde, daran war nicht zu denken. Auch war die Gelegenheit nicht günstig, da der Friede mit England in Aussicht stand.

Am 12. August um Mittag sandte der Minister Montgelas der Deputation die Antworten, die der König und er auf die überreichten Schreiben des Rathes erlassen. Sie enthielten nichts Spezielles. Des Königs Antwort lautete:

„Wir Maximilian Joseph ꝛc."

„Wir haben mit besonderm Vergnügen das Schreiben aufgenommen, welches ihr Uns bei Gelegenheit der neuesten Ereignisse in Teutschland durch eure Abgeordneten habt überreichen lassen."

„So wie Wir euren Wünschen und Hoffnungen immer gerne entgegen kommen werden, so halten Wir Uns auch von euch einer immerwachsenden Anhänglichkeit für Uns und Unser Haus versichert, und sehen dem Augenblicke mit sehnlichem Verlangen entgegen, welcher die guten gewerbsamen Bürger Nürnbergs näher mit Uns verbindet."

München, am 11. August 1806.

Max Joseph.   Fr. v. Montgelas.

An die Stadt Nürnberg, deren Huldigungsschreiben betr.

Auf Königl. Allerhöchsten Befehl:
v. Flad.

Der Minister antwortete Nachstehendes:

„Hoch- und Wohlgeborne,
Hochzuverehrende Herrn!

„Die Verhältnisse, welche die neuesten Ereignisse in Ansehung der Stadt Nürnberg herbeigeführt haben, sind mir desto angenehmer, da sie mir die Aussicht gewähren, zu dem Wohl dieser Stadt etwas beitragen zu können. Das Zutrauen, womit mich Euere Hoch- und Wohlgeborne bei dieser Gelegenheit beehren, erregt in mir das lebhafte Verlangen, Ihren Hoffnungen nach Möglichkeit entsprechen zu können. Ich vereinige meine Wünsche mit den Ihrigen, die Stadt Nürnberg unter dem Scepter Seiner Königlichen Majestät von Baiern jenen Grad von Wohlstand erreichen zu sehen, welchen sie bei den veränderten Verhältnissen Deutschlands in ihrem vormaligen Zustand nicht mehr völlig erreichen konnte."

„Ich bitte Euere Hoch- und Wohlgeborne nebst diesem Ausdruck meiner aufrichtigsten Gesinnungen gegen Ihre Stadt zugleich die Zusicherung der vollkommensten persönlichen Hochachtung anzunehmen, mit welcher ich verbleibe"

München, am 11. August 1806.

Euerer Hoch- und Wohlgeboren

An
die Raths-Aeltere und Geheime
der Stadt Nürnberg.

ganz ergebenster
Fr. v. Montgelas.

Die Deputirten erkannten, daß diese Antworten ihr Reisepaß seien und ein längerer Aufenthalt zu München zwecklos bleibe. Am 13. August erhielten sie eine Abschiedsaudienz beim König, am 14. beim Minister. Am nächsten Tage traten sie die Rückreise nach Nürnberg an.

III.
Die Civilbesitzergreifung Nürnbergs durch die Krone Bayern.

Es war Napoleons Wille, daß die Conföderationsakte vom 12. Juli schnellstens zur Ausführung komme. Fürst Alexander Berthier wurde zur Auswechselung der Ratifications-Urkunden an die Mitglieder des Rheinischen Bundes abgeordnet. Gemäß erhaltener Vollmacht ernannte er den inspecteur aux revues Joseph Matthias Fririon, Offizier der Ehrenlegion, als Commissär zur Uebergabe der Reichsstadt Nürnberg an den König von Bayern, der seinerseits den Staatsminister Montgelas zur Uebernahme bevollmächtigte. Am 8. September traten Fririon und Montgelas zu einer Conferenz im Staatsministerium des Aeußern zusammen, um den Akt der Uebergabe vorzunehmen. Ueber denselben wurde das nachstehende Protokoll verfaßt und von den beiden Bevollmächtigten unterzeichnet:

„Seine Majestät, der Kaiser von Frankreich und König von Italien, Protector des Rheinischen Bundes, Allerhöchstwelche den Inhalt des unterm 12. Julius zu Paris abgeschlossenen Vertrags ohne Aufenthalt in Erfüllung gebracht wissen wollen, haben des zur Auswechselung der Ratifications-Urkunden bevollmächtigten Herrn Fürsten Alexander Berthier, Herzogs von Neufchatel und Valengin, Durchlaucht unter einem ermächtiget, Commissarien zur Uebergabe der den Bundesgliedern durch den Vertrag zugefallenen Besitzungen zu ernennen."

„In dessen Gemäßheit ist Herr Joseph Matthias Fririon, Offizier der Ehrenlegion und inspecteur aux revues, von Seiner Durchlaucht dem Fürsten Alexander als Commissär ernannt und beauftragt worden, sich mit den von Seiner Königlichen Majestät von Bayern ernannten Commissär, des Herrn Staatsministers Freiherrn von Montgelas Excellenz, wegen Uebergabe der an gedacht Seine Königliche Majestät überlassenen und allerhöchst ihrer Souveränetät unterworfenen Gebiete und Gebietstheile in das erforderliche Einvernehmen zu setzen."

„Nachdem nun die Vollmachten gegenseitig ausgewechselt worden sind, hat Herr Fririon die Erklärung gemacht, daß er den allerhöchsten Befehlen Seiner Majestät des Kaisers Napoleon zufolge dem Freiherrn v. Montgelas übergeben habe und anmit übergebe":

„die Stadt und das Gebiet von Nürnberg, welches außer der Stadt und den Vorstädten Wöhrd und Gostenhof aus nachfolgenden Aemtern besteht, als: Lauf, Altdorf, Hersbruck, Reicheneck, Engelthal, Bühlenreuth, Velden, Hohenstein, Stierberg, Betzenstein, Gräfenberg, Hiltpoltstein, Wildenfels, Lichtenau und Hauseck,"

„mit allen Zuständigkeiten in der Art, daß Seine Königliche Majestät von Bayern von dem heutigen Tage an die gedachte Stadt Nürnberg mit ihrem Gebiete, sowohl was die Oberlehen-Herrlichkeit als das vollständige Eigenthum und die Souveränetät betrifft, ganz auf die nämliche Weise besitzen sollen, wie solche von dem Magistrat und den Behörden bei der gegenwärtigen Uebergabe besessen worden sind."

„Diejenigen Rechte, welche der letzte Besitzer nicht geltend gemacht hat, sollen als erloschen betrachtet werden, besonders wenn solche irgend ein Präjudiz für ein anderes Mitglied des Bundes zur Folge haben sollten."

„Uebrigens werden dieser Uebergabe die nachfolgenden Bedingungen beigefügt:"

1. Die Rechte, welche für irgend einen Gläubiger oder Pensionisten durch den Reichsschluß von 1803 begründet worden sind, bleiben demselben unverletzlich gesichert. Seine Königliche Majestät von Bayern übernehmen daher die Verbindlichkeit, für die Befriedigung aller derjenigen zu sorgen, deren Bezahlung durch den bemerkten Reichsschluß auf die Stadt oder das Gebiet von Nürnberg überwiesen worden ist."

2. „Seine Königliche Majestät von Bayern übernehmen andurch die Verpflichtung, zu Bezahlung der gegenwärtigen Kreisschulden nach dem Verhältniß dieses Gebietszuwachses beizutragen."

3. „Diejenigen Bedienstete der Stadt und des Gebiets von Nürnberg, welche Seine Königliche Majestät von Bayern in dem Staatsdienst nicht ferner zu verwenden gedenken, sollen eine Pension beziehen, welche derjenigen gleich ist, die den Beamten von demselben Grade nach den Gesetzen und der Verfassung der ältern Staaten verwilligt wird."

4. „Ordensgeistliche oder Glieder militärischer Orden, welche etwa in Folge des Pariser Vertrags säcularisirt werden könnten, sollen eine jährliche Pension bekommen, welche den Einkünften, die sie vorhin bezogen haben, ihrer Dignität und ihrem Alter angemessen sein muß und die nächstdem auf den Gütern, von welchen sie die Nutznießung hatten, gesichert bleibet."

„Ueber alles dasjenige, was nach dem vorstehenden Inhalt Seine Excellenz der Freiherr von Montgelas im Namen seines Souveräns anerkannt haben, haben wir das gegenwärtige Protocoll in 6 Exemplarien gefertigt. Eine Abschrift davon ist den Administrativ-Behörden zugestellt worden, um solche in dem Archiv zu hinterlegen und weiter bekannt zu machen."

Geschehen zu München den 8. September 1806.

Protocoll
über
die Einweisung in den Besitz der Stadt und des Gebiets von Nürnberg.

Montgelas.
Fririon.

Es wurde sodann beschlossen, diesem Akte die Civilbesitznahme Nürnbergs alsbald folgen zu lassen. Am 9. September erließ Montgelas an den General-Landescommissär von Franken, Grafen von Thürheim, den Befehl, sich unverzüglich nach Nürnberg zu begeben, allda mit dem Generalcommissär Fririon zusammen zu treffen, die Civilbesitzergreifung vorzunehmen und das königliche Interesse in allen Stücken zu befördern. Durch die Preußische Occupation einiger Nürnbergischer Aemter soll er sich nicht stören lassen, sondern den Civilbesitz auch über diese erstrecken und sie, ohne jedoch das Preußische Militär zu beunruhigen, mit Bayerischer Mannschaft besetzen.

Ueber letztern Punkt entspann sich damals eine lebhafte Correspondenz zwischen Berthier, Montgelas, Fririon und Thürheim. Man war von allen Seiten einverstanden, durch die Preußische Occupation sich nicht im Geringsten hindern zu lassen. Das Recht Preußens zur Besetzung Nürnbergischer Gebietstheile wurde entschieden in Abrede gestellt und von Seite Berthiers mit einem Machtspruche Napoleons gedroht, der jedenfalls zu Gunsten Bayerns entscheiden werde. Doch soll man die Preußen zuvor auffordern, aus den besetzten Gebieten abzuziehen.*)

Am 10. September reiste Frition nach Nürnberg ab. Am 14. richtete er an den Rathspräsidenten ein Schreiben, worin er demselben anzeigte, daß er und Graf Thürheim übereingekommen, des nächsten Tags früh 10 Uhr die Besitzergreifung Nürnbergs vorzunehmen. Er möge um diese Zeit den Rath versammeln, und da die Sache die ganze Bürgerschaft berühre, auch eine Deputation des größern Raths erfordern, damit sie Kenntniß nehme, was er (Frition) dem geheimen Rathe bezüglich der Besitzergreifung eröffnen werde.

Der 15. September, der letzte Tag der alten Republik und der erste unter dem Bayerischen Scepter, brach an. Kanonendonner verkündete schon am Morgen ein wichtiges Ereigniß. Die französische Garnison unter General Frere, die einen Theil des im Ansbachischen stehenden Bernadotte'schen Armeecorps bildete und seit dem Monat März zu Nürnberg im Quartier lag, und das städtische Militär rückten um 9 Uhr in Parade vor das Rathhaus. Im großen Saale deßselben versammelte sich der Rath und Bürgerausschuß. Um 10 Uhr erschienen Graf Thürheim und Frition. Dieser verlas sodann nachstehende Ansprache:

---

*) Siehe Beilage I.

Im Hauptquartier zu Nürnberg den 15. Sept. 1806.

Fririon, inspecteur aux revues, General-Commissär Seiner Majestät des Kaisers und Königs Napoleon zur Uebergabe der an Seine Königliche Majestät von Bayern übergegangenen Länder an den Senat der Stadt Nürnberg.

Meine Herren!

„Durch den rheinischen Bundesvertrag vom 12. Julius d. Js. ist die Stadt Nürnberg nebst ihrem Gebiete dem Königreich Bayern einverleibt worden."

„Von Seiner Majestät dem Kaiser und König Napoleon beauftragt, die desfallsige Uebergabe an Seine Königliche Majestät von Bayern zu bewirken, theile ich Ihnen hier die Acte mit, durch welche diese Handlung beurkundet wird."

„Die constituirten Behörden und die sämmtlichen Einwohner der Stadt Nürnberg und ihres Gebiets werden also hiedurch von dem ihrer vorigen Verfassung gemäß geleisteten Eide entbunden und sind von nun an ihrem neuen Landesherrn, des Königs von Bayern Majestät, Treue schuldig. Diesem haben sie für die Zukunft ihre ganze Anhänglichkeit zu widmen, und werden sich auch, wie ich versichert bin, um so mehr dazu aufgefordert finden, als die unermüdete Sorgfalt ihres künftigen Souverains für das Wohl seiner Unterthanen dafür bürgen kann, daß auch ihre Wohlfahrt der Gegenstand seiner steten Sorge sein werde."

„Ich ersuche Sie nächstdem, meine Herren! Ihren Untergebenen das Uebergabsprotokoll, welches ich hier beifüge, ungesäumt bekannt zu machen und demselben alle die Publicität zu geben, welche seine Wichtigkeit erheischt."

Der General-Commissär Seiner Majestät des Kaisers und Königs Napoleon.

Unter dem Geläute aller Glocken und dem Donner der Kanonen wurde hierauf die Uebergabe vorgenommen, das Uebergabsprotokoll verlesen und von dem Französischen und Bayerischen Commissär unterzeichnet. Sein Inhalt lautet, wie folgt:

„Nachdem durch den XVII. Artikel der Föderativakte vom 12. Juli dieses Jahres bestimmt worden ist, daß sowohl die Souveränetät über die Reichsstadt Nürnberg selbst mit allem ihren Eigenthum, als auch das durch die sogenannten Pflegämter constituirte bisherige Territorium derselben an Seine Majestät den König von Bayern übergeben werden soll, so überweist heute zu dessen Vollziehung der von Seiten Seiner Majestät des Kaisers von Frankreich und Königs von Italien Bevollmächtigte an den Bevollmächtigten Seiner Majestät des Königs von Bayern:"

I. „Die Souveränetät über die Stadt Nürnberg selbst, mit Aufhebung der bisherigen reichsstädtischen Verfassung, und mit der vollen Befugniß, solche nach Bayrischen Gesetzen zu regieren und einzurichten, und nebstdem alles Eigenthum an Gebäuden, Domänen, Waldungen, Geld- und Naturalgefällen, Aktivforderungen, Zinsen, welche der ehemalige Nürnberger Staat sowohl in der Stadt, in seinen Vorstädten Wöhrd und Gostenhof und den außerhalb der Mauern belegenen Gärten besessen, auch unter der seit 1796 hergestellten Landeshoheit der Fürstenthümer Ansbach und Baireuth, deßgleichen im Fürstenthum Bamberg und sonst in Franken und in der Oberpfalz allerwärts noch besitzt, namentlich und vorzüglich auch die beiden Reichswälder mit den gewöhnlich unter dieser Benennung mitbegriffenen Distrikten, und zwar die Seite des Reichswalds zu St. Lorenzen im Ansbacher, und des St. Sebalder Reichwalds im Erlanger Kreis des Bayreuther Fürstenthums, deßgleichen alle Stiftungen, Spitäler, Commenden und Ordenshäuser in und außerhalb der Stadt, alle Lehen, dominia directa et utilia, welche die Stadt durch Beleihung, durch Auftrag, durch erfüllte Lehens-Exspectanzen, per titulum onerosum, oder sonst bis auf den heutigen Tag erworben hat, überhaupt mit allen Rechten eines Souverains, eines Gutsherren und Lehensherren, wie sie immer Namen haben mögen und wie sie bis itzt unter Nürnberger Namen prätendirt oder ausgeübt worden sind."

II. „Wird an Seine Majestät den König von Bayern überwiesen das Territorium von Nürnberg, bestehend in den itzt noch vorhandenen Pflegämtern:

1. Altdorf, mit Allem, was dahin zu rechnen ist.
2. Lauf, mit Allem, was dahin zu rechnen ist, namentlich mit eingeschlossen die Landeshoheit über die in und an diesem Pflegamt gelegenen Rittergüter Neunhof und Beerbach, den Nürnberger Patriziern von Welser gehörig.
3. Hersbruck mit den einverleibten Aemtern Hersbruck und Reicheneck und was sonst dahin zu rechnen ist.
4. Velden, mit Allem, was dahin zu rechnen ist.
5. Betzenstein und Stierberg, mit Allem, was dahin zu rechnen ist, namentlich auch die Territorial- und Centobrigkeit über das v. Egloffsteinische Rittergut Leupoldstein.

6. Gräfenberg und Hiltpoltstein, mit Allem dem, was dahin zu rechnen ist, und zwar also, daß unter diesen Uebergaben nicht allein die Souveränetät, sondern auch das Eigenthum mit dem vollen Rechte begriffen ist, solches gegen alle unbefugte Schmälerungen, Eingriffe oder Vergewaltigungen handzuhaben und frey zu erhalten."

„Der Königlich Bayerische Bevollmächtigte acceptirt diese Ueberweisung, vermöge deren Seine Majestät der König von Bayern hiermit wirklich in Besitz ergreift die Souveränetät über die Stadt Nürnberg in ihrem ganzen innern Umfang und bis an ihre äußersten und mit allen ihren Thoren, keines davon ausgenommen, die Vorstädte Wöhrd und Gostenhof, alle übrige bis an die äußersten Linien belegene Häuser und Gärten, die Reichswälder St. Laurenzi und St. Sebaldi, und alle gutsherrlichen Besitzungen, Gefälle, Lehen und Rechte der Stadt im Ansbacher und Bayreuther Fürstenthum und sonst anderwärts in Franken und in der Oberpfalz oder wo sie gelegen, nichts davon ausgenommen. Deßgleichen ergreift dem zufolge Seine Majestät der König von Bayern außer der schon dem Fürstenthum Ansbach zugetheilten Pflege Lichtenau das Territorium und Eigenthum von den Pflegämtern Altdorf, Lauf, Hersbruck, Velden, Gräfenberg, Hiltpoltstein und Betzenstein, mit allen den diesen Pflegämtern zukommenden Rechten und Ansprüchen und mit Widersprechung und Aufhebung aller von dritten an diese Pflegämter gemachten oder noch zu machenden ungegründeten Zumuthungen, indem Seine Majestät der König von Bayern die Stadt und ihr Territorium mit all dem, was dazu gehört und nach dem neuesten Stand der Dinge vor der Französischen militärischen Besetzung und dem Sein der Föderativurkunde als dazu gehörig anzunehmen ist, fernerhin zu besetzen und handzuhaben befugt sein sollen."

Graf Thürheim verpflichtete sodann den Rath und Bürgerausschuß, die Namens der ganzen Bürgerschaft dem Könige von Bayern huldigten und Treue schwuren. Als der Bayerische und französische Commissär das Rathhaus verlassen hatten, wurde die vollzogene Besitznahme von einem Herolde unter Begleitung der Krongardisten und Trompeter an allen öffentlichen Plätzen feierlich verkündet und das Besitzergreifungs-Patent angeschlagen. Dieses lautet:

"Wir Maximilian Joseph von Gottes Gnaden
König von Bayern
thun kund und fügen hiemit zu wissen"

"Da vermöge des Articuli XVII. des rheinischen Bundes-Vertrages Unserem Königreiche mit Eigenthum und Souveränetät die bisherige Reichsstadt Nürnberg und ihr Gebiet nebst den Deutsch-Ordens-Commenden Rohr und Waldstetten zugetheilet, auch demselben in Gemäßheit des Art. XXIV. des nämlichen Traktats mehrere Fürstenthümer, Graf- und Herrschaften und Gebiete mit voller Souveränetät einverleibt und garantirt worden, als das Fürstenthum Schwarzenberg, die Grafschaft Kastell, die Herrschaften Speckfeld und Wiesentheid, das Fürstenthum Hohenlohe, soweit dasselbe in der Markgrafschaft Ansbach und in dem Gebiete von Rothenburg inclaviret ist, namentlich die Oberämter Schillingsfürst und Kirchberg, die Grafschaft Sternstein, die Fürstenthümer Oettingen, die Besitzungen des Fürsten Thurn und Taxis, welche an der Nordseite des Herzogthums Neuburg gelegen sind, die Grafschaft Edelstetten, die

Besitzungen des Fürsten und der Grafen von Fugger, das Burggraviat von Winterrieden, endlich die Herrschaften Buxheim und Tannhausen und der ganze Umfang der von Memmingen nach Lindau ziehenden großen Landstraße, und diese genannte sämmtliche Besitzungen mit den oben ausgedrückten Rechten durch den Bevollmächtigten Seiner Majestät des Kaysers von Frankreich und Königs von Italien in einem besondern Akt an Uns überwiesen worden sind, so haben Wir in Gemäßheit des erwähnten Vertrages und dieser hiernach geschehenen Ueberweisung beschlossen, den Besitz gedachter Lande, Herrschaften und Gebiete nach herkömmlichen Formen ergreifen zu lassen, und Unsere Königliche Regierung über dieselbe hiermit wirklich anzutreten. — Wir thun dieses kraft des gegenwärtigen Patentes und verlangen von deren Besitzern, ihrem bisherigen Militär, geistlichen und weltlichen Behörden, sowie von Unsern übrigen neuen Unterthanen, daß sie Uns als ihren König und Souverän erkennen, sich hiernach durchaus benehmen, alles verhindern und selbst vermeiden, was Unserm allerhöchsten Interesse nachtheilig sein kann, überhaupt Unsern gegenwärtigen und künftigen Verfügungen jederzeit schuldigen Gehorsam leisten werden. — Dagegen ertheilen wir allen genannten Fürsten, Grafen, Herren und Unsern sämmtlichen neuen Unterthanen Unsere Königliche Versicherung, daß Wir bei allen Unsern künftigen Anordnungen auf ihre Uns vorzutragenden Wünsche allezeit gerechte und gnädige Rücksicht nehmen, und Unsere erste und angenehmste Regierungs-Sorge dahin gerichtet sein werde, ihren Wohlstand ebenso, wie in Unsern ältern Landen zum höchstmöglichen Grade zu befördern. — Zu Urkunde dessen haben Wir gegenwärtiges Patent Allerhöchst eigenhändig vollzogen, und mit Unserm Königlichen Insiegel bestärken lassen. So geschehen und gegeben in Unserer Haupt- und Residenz-Stadt München am 3. September im Jahre Achtzehn Hundert und Sechs."

Max Joseph.

Besitzergreifungs-Patent der durch den Rheinischen Bundes-Vertrag Seiner Majestät theils mit Eigenthum und Souveränetät, theils einzig mit aller Souveränetät zugewiesene Lande und Herrschaften.

Freiherr von Montgelas.
Auf Königlichen Allerhöchsten Befehl
v. Flad.

Auch Bürgermeister und Rath zeigten der Bürgerschaft in einem eigenen Placate die Besitzergreifung an und daß sie für sich und im Namen aller ihrer Mitbürger dem neuen Herrn den Eid der Treue geschworen haben. Es lautet:

"Bürgermeistere und Rath zu Nürnberg."

"Die Bundesacte der Rheinischen Staaten vom 12. Julius dieses Jahres verfüget im 17. Artikel: Seine Majestät der König von Bayern vereinigt mit seinen Staaten die Stadt Nürnberg und ihr Gebiete mit voller Souveränetät und Eigenthum."

"Von dieser Verfügung hat, im allerhöchsten Namen und Auftrage Seiner Majestät des Kaisers und Königs Napoleon, der kaiserliche Herr inspecteur aux revues, Generalkommissär, und Offizier der Ehrenlegion, Fririon, uns heute öffentlich und feierlich Kenntniß gegeben. Und unmittelbar durch diese Verfügung höret die bisherige Staatsverfassung Nürnbergs und seines Gebietes auf. Beide,

Stadt und Gebiete, treten unter die Herrschaft Seiner Majestät des Königs von Bayern."

„In dieser Folge haben wir auch heute allerhöchstgedachter Seiner Majestät dem Könige, unserem nunmehrigen allergnädigsten Herrn, den Eid der Unterwürfigkeit und Treue abgelegt: Wir haben für uns und vor der Hand auch in Euere Seelen, geliebte Mitbürger, gute Bürger und Unterthanen Nürnbergs auf dem Lande, geschworen, und wir machen dieses alles hiemit öffentlich bekannt."

„Wollen wir alle unser wahrstes und innigstes Bestreben darinnen setzen, der allerhöchsten Huld und Gnade Seiner Königlichen Majestät von Bayern, unsers allergnädigsten Herrn, durch Treue, Gehorsam und Liebe stets werth zu sein! Wir befestigen dadurch uns und unseren Nachkommen die glücklichste Zukunft!"

„Nürnberg, am 15. September 1806."

Dem nunmehrigen Stadtmagistrate wurde noch desselben Tages von dem k. General-Landescommissär in Franken eine Anzahl der Besitzergreifungs-Patente mit der Weisung zugestellt, dieselben auch auf dem Lande an den Amtshäusern, Gemeindehäusern und Kirchen durch die Behörden anheften, desgleichen alle dem Rathe der vormaligen Reichsstadt untergeordneten geistliche und weltliche Diener durch den Rathsdirektor von Geuder, Senator von Tucher und die Consulenten Dr. Popp und Dr. Roth ungesäumt verpflichten zu lassen. Ebenso erging am nämlichen Tage an den Stadtmagistrat und an sämmtliche Collegien, Aemter und Stellen eine Verordnung des k. Landes-Commissariats, unter seiner Leitung die bisherigen Geschäftsverrichtungen bis auf weitere Anordnung fortzusetzen, die Ausfertigungen mit Hinweglassung aller Prädicate, die die vorige Verfassung bezeichnen, vorzunehmen und dabei sich der bisherigen Siegel bis zur Anfertigung der neuen zu bedienen. Das kgl. General-Landes-Commissariat sprach dabei gegen den Magistrat die Erwartung aus, „daß der Königliche Magistrat im Gefühle seiner heute beschworenen Pflichten gegen Seiner Königlichen Majestät sich beeifern werde, denen allerhöchsten Gesinnungen in jeder Beziehung auf das Genaueste zu entsprechen."

Bei der Civilbesitznahme leistete auch der Nürnbergische Kriegsoberste und Senator, Freiherr von Imhof, dem Könige den Eid der Treue und Unterthänigkeit. Am selben Tage noch erhielt er vom Grafen Thürheim den Auftrag, das sämmtliche reguläre Militär der Stadt, Offiziere sowohl, als Gemeine, ungesäumt zu verpflichten. Am 16. September wurde dieser Akt in der Schießgrabenkaserne vorgenommen. Das Militär der Stadt bestand damals aus:

1) einem Bataillon geworbener Infanterie mit dem Bataillonscommandanten Major von Fürer, den Majoren von Furtenbach und von Ebner, den Hauptleuten von Murr, von Grundherr, von Imhof, von Fürer, von Braun und von Ebner, 8 Oberlieutenants, 2 Unterlieutenants, 5 Feldwebeln, 3 Fourieren, 1 Feldscheerer, 10 Spielleuten, 22 Corporälen, 106 Gefreiten und Gemeinen und 24 Invaliden, darunter 8 Corporäle und 16 Gemeine.

2) Der Kavallerie mit 2 Capitains, 1 Wachtmeister, 1 Trompeter, 6 gemeinen Reitern, 27 Bürgerfeldwaibeln, dem Platzmajor von Grundherr und Platzadjutanten von Grundherr.

3) Der Artillerie mit einem Hauptmann, 1 Oberlieutenant und 2 Artilleristen, nämlich 1 Corperal und 1 Gemeinen.

4) Der Stadtgarde zu Pferd oder den Einspännigen mit 1 Wachtmeister, 2 Geleitsreitern und 16 Einspännigen.

5) Den beiden Beamten der Militärbehörde, nämlich dem Kriegs-Sekretär und dem Adjutanten und Kriegs-Aufbieter.

Nachdem der Kriegsoberste eine kurze Anrede ans Militär gehalten, leistete es dem König den Eid der Treue und brachte ihm unter dem Klange der Türkischen Musik ein freudiges dreifaches Vivat, womit „dieser feierliche und merkwürdige Akt ein vergnügliches Ende" erreichte.

Zu dem regulären Militär der Stadt gehörte auch die Feldmiliz mit 11 Corporälen, 90 Musquetiers, 12 Invaliden, 5 Wachtmeistern unter den Thoren, 1 Feldwebel, 4 Thorschreibern und etlichen Invaliden. Da diese Mannschaft zum Theil auf Wachen in der Stadt und theils auf dem Lande stationirt war, so wurde sie in die Stadt berufen und am 19. September in der Schießgrabenkaserne ebenso wie das übrige Militär beeidigt und in Pflicht genommen.

An demselben Tage wurden durch den Senator von Tucher und dem Consulenten Dr. Roth auch die geistlichen und weltlichen Diener der Pflegämter Gräfenberg, Hiltpoltstein, Wildenfels, Betzenstein und Hohenstein auf dem Rathhause zu Gräfenberg verpflichtet. In den Aemtern, die schon früher von Churbayern occupirt worden, und in den Orten, die die Preußen noch besetzt hielten, fand eine Verpflichtung des Dienstpersonals nicht statt, da dieselbe von Bayern bereits vorgenommen worden, und von der Anheftung der Besitzergreifungs-Patente in den von den Preußen besetzten Ortschaften vorderhand noch Umgang genommen werden sollte.

Nun war die Civilbesitzergreifung vollzogen und Nürnberg und sein Gebiet in den Händen Bayerns. Diese Vereinigung mit dem Königreiche wurde am 21. September durch ein Dankfest in der Kirche zu St. Sebald gefeiert. Schon in aller Frühe wurden aus dem Zeughause des fränkischen Kreises 8 Kanonen auf die Freiung vor der Burg gebracht, 4 davon gegen die Stadt und die andern 4 gegen das Land gerichtet und von den Constablern bei Anbruch des Tages abgefeuert. Um halb 8 Uhr bildete ein Commando des vormals reichsstädtischen Militärs Spalier an der großen Treppe des Rathhauses bis zum mittleren Thor. Die Feldwaibel in rother Kleidung und mit kurzem Gewehr, und die Einspännigen mit Seitengewehren versammelten sich im großen Saale. Nachdem sich die Beamten und Senatoren daselbst eingefunden und in ihrer Ordnung aufgestellt, wurde das Zeichen zum Läuten gegeben, und der Zug bewegte sich über den Saal durch das Rathhausgänglein und die Brautthüre in die Kirche zu St. Sebald, und zwar in folgender Ordnung: Ein ehrbarer Aufwärter, die Bedienten Paar und Paar, 2 Feldwaibel, der Kapellmeister, die Untergerichts- und Stadtgerichts-Secretäre, die Bauern- und Untergerichts-Assessoren, die Untergerichts-Consulenten, die Stadtgerichts-Assessoren, der Stadtrichter und beide vorderste Assessoren, die Consulenten, der Canzlei-Registrator, die Rathsfreunde*) die Raths-Secretäre,

---

*) Die Genannten oder Bürgerausschuß, gewöhnlich der größere Rath genannt.

der Waldamtmann als Marschall, 10 jüngere Senatoren, die Raths-Consulenten, 17 ältere Senatoren und neben jedem Paar 2 Feldwaibel, der Wachtmeister der Einspännigen und 3 Glieder Einspännige. Dr. Junge hielt die Predigt. Nach derselben wurde das Te Deum laudamus unter Trompeten- und Paukenschall, dem Geläute aller Glocken und unter dreimaliger Abfeuerung der Kanonen gesungen. Nach gesprochenem Segen ging der Zug in der vorigen Ordnung ins Rathhaus zurück. Von 12 bis 1 Uhr wurde mit allen Glocken geläutet, auf der Gallerie der Frauenkirche die gewöhnliche Musik angestimmt und das Besitzergreifungs-Patent verlesen. Von der Freiung herab ertönte unterdessen von 3 zu 3 Minuten ein Kanonenschuß. Nachdem das Patent abgelesen worden, rief der Stadtbassist zu dreimalen: „Vivat Maximilian Joseph, unser allergnädigster König und Herr!". Das auf dem Markt versammelte Volk stimmte in diesen Ruf lebhaft ein. Zu gleicher Zeit wurden die Kanonen dreimal nacheinander gelöst, ebenso bei Sonnenuntergang. Die Constabler erhielten für diese Bemühung 25 fl. Trinkgeld. — Am Abend fand eine Beleuchtung des Rathhauses und einiger anderer Häuser und im Reichsadler Bauzhall statt. Bei diesen Festlichkeiten fehlte es natürlich nicht an Gelegenheitsgedichten, Cantaten und gereimten und ungereimten Toasten*), z. B. auf Napoleon, die vereinigten Armeen, den Rheinischen Bund und Graf Thürheim, „der uns zu Bayern schuf".

Wir schließen diese kurzen Nachrichten über den Uebergang Nürnbergs an die Krone Bayern mit den Worten

---

*) S. Beilage II. Diese wird mitgetheilt als ein Curiosum und Zeichen der Zeit, aber gewiß nicht wegen ihres poetischen Werthes.

König Maximilian Josephs, die er bei der Audienz zu Nymphenburg am 8. August an die Abgeordneten der Stadt richtete: „Der Verlust der Reichsunmittelbarkeit ist für Nürnberg allerdings ein Unglück; da es aber nicht anders sein konnte, so hoffe ich, es sei noch das Beste, daß die Stadt mir zugetheilt wurde, statt einem Andern." Diese Hoffnung des Königs hat sich in glänzender Weise erfüllt. Nürnbergs Handel, Industrie und Wohlstand hat sich unter dem Schutze der Bayerischen Regierung zu einer Blüthe entfaltet, wie sie früher nie dagewesen. Nürnberg mit Einschluß seines Gebietes zählte im Jahre 1806 gegen 60000 Einwohner; jetzt hat Nürnberg — die Stadt allein — eine Bevölkerung, die diese Zahl bereits übertrifft und die sich von Jahr zu Jahr in raschem Zuwachse vermehrt.

Beilage I.

Munich, le 9. Septembre 1806.

Je ne peux répondre à la lettre du 9 que m'a adressée votre Excellence qu'en répétant ce que j'ai déja eu l'honneur de lui écrire. Ce serait faire une chose dans le cas de blesser la Prusse que de faire entrer des troupes bavaroises dans les territoires que les siennes occupaient avant l'existence de la confédération du Rhin. Les prétentions que cette puissance forme sur quelques baillages sont loin d'être reconnues comme legitimes; elles ont été, au contraire, condamnées par les tribunaux suprêmes de l'empire; mais la présence continuée de quelques troupes prussiennes dans les baillages nurembergois cités ne nuira pas plus aux droits actuels du roi de Bavière qu'elle ne pouvait précédemment nuire à ceux de la ville de Nuremberg; puisque les droits de S. M. le roi de Bavière sont constatés dans l'acte de prise de possession civile de la ville de Nuremberg c'est-à-dire, que cet acte est conçu de telle manière qu'il sert pour la ville et pour son territoire dont toutes les parties sont énumerées et par conséquent, celles que les Prussiens occupent.

Je ne vois point au surplus d'inconvénient, à demander que les troupes prussiennes évacuent les baillages dont il est question; mais en cas de refus ou d'incertitude à cet égard il faut laisser les choses dans l'état où elles sont jusqu' à ce qu'il soit pris une décision par l'empereur et par la diète. Il n'y à aucun doute que le roi de Bavière ne rentre bientôt dans la possession de ces pays.

Je renouvelle à V. E. l'assurance de ma plus haut considération.

Le prince de Neufchâtel et Valengin, major général
M^{al.} Alex. Berthier.

Uebersetzung der Beilage I.

München, den 9. September 1806.

In Beantwortung des Schreibens Eurer Excellenz vom 9. d. Mts. kann ich nur meine früheren Aeußerungen wiederholen. Es handelt sich nur um eine allenfallsige Beleidigung Preußens, wenn Bayerische Truppen in die Gebietstheile einrücken würden, die von seinen eigenen Truppen schon vor der Existenz des Rheinischen Bundes besetzt worden sind. Die Ansprüche dieser Macht auf einige Pflegämter sind nichts weniger als begründet; sie sind im Gegentheil von den obersten Reichsgerichten abgewiesen. Die fortdauernde Anwesenheit Preußischer Truppen in den Nürnbergischen Pflegämtern wird den thatsächlichen Rechten des Königs von Bayern ebensowenig wie früher jenen der Stadt Nürnberg einen Eintrag thun. Denn die Rechte Sr. Majestät des Königs von Bayern sind constatirt durch den Akt der Civilbesitznahme der Stadt Nürnberg, welcher die Stadt und ihr Gebiet begreift und in welchem alle einzelne Gebietstheile und folglich auch diejenigen aufgeführt sind, welche von den Preußen besetzt werden.

Ich finde es daher ganz angemessen, daß die Preußischen Truppen aufgefordert werden, die fraglichen Pflegämter zu räumen. Im Falle einer Weigerung aber oder wenn man sonst nicht Gewißheit darüber erlangen kann, dürfte man die ganze Angelegenheit auf sich beruhen lassen, bis der Kaiser*) und der Reichstag (diète) weitere Entscheidung darüber treffen wird. Jedenfalls wird der König von Bayern in den Besitz dieser Länder kommen.

Ich wiederhole die Versicherungen meiner größten Hochachtung

Fürst von Neufchatel und Valengin, Generalmajor

Marschall Alexander Berthier.

---

*) Es kann damit natürlich nur Napoleon gemeint sein.

Beilage II.

Begleitungen zu einigen Gesundheiten.

Sr. K. K. Majestät Napoleon.
Mel.: In diesen heiligen Hallen ꝛc.

Dem, der mit Kraft und Stärke,
Der Völker Kraft gebeut,
Dem sei mit hohem Staunen
Dieß Glas der Kraft geweiht.
Hell auf Europens hohem Thron
Flammt, Blitzen gleich, Napoleon.

Sr. Majestät unserm gnädigsten Könige.
Mel.: Muth, Muth ꝛc.

Hier, hier
König, Geliebter, der Völker Freund,
Die schon Dein großes Reich vereint,
Siehe wir weihen
In heitern Reihen
Den Becher Dir.
Heil Dir,
Heil Dir; der Vorsehung schönstes Glück
Erheitre Dir Deinen Herrscherblick,
Treue und Liebe,
Die schönsten Triebe.

Ihro Majestät unserer gnädigsten Königin.

Mel.: In diesen heiligen Hallen ꝛc.

Du, die in heil'ger Weihe
Der Tugend Gutes übt,
Und alle, alle Menschen
Als Kinder Gottes liebt,
Nimm, edle, große Königin,
Der tiefen Ehrfurcht Opfer hin.
Heil Dir, gleich Gottes Engel,
Des Himmels Genius,
Giebst du dem besten Fürsten
Des Lebens Vollgenuß.
O dir gebührt im reinsten Glanz
Der hohen Tugend Sternenkranz.

Sr. Königlichen Hoheit dem Kronprinzen.

Mel.: Auf und trinkt ꝛc.

Nimm sie hin,
Frommer Sinn
Weiht im Saft der Reben
Frohe Wünsche hier,
Edler Erstgeborner
Unsers Königs, Dir.
Gott mit Dir,
Heil mit Dir.
Möge Gott Ihm langes Leben
Und den schönsten Segen geben!

Der Hohen Königlichen Familie.

Mel.: Gott grüß' euch ꝛc.

Stets blühen sie, die schönen Zweige
Des edlen Baumes, der
Uns schirmet, und ihr Wachsthum steige,
Bis keine Zeiten mehr.

Sr. hochgräflichen Excellenz dem Herrn General-Landes-Commissäre Grafen von Thürheim.

Mel.: Auf und trinkt ꝛc.

Edler Mann,
Theurer Mann,
Der zu unsern Freuden
Lächelnd sich gesellt,
Der der Zukunft Dunkel
Segnend uns erhellt.
Edler Mann,
Deutscher Mann!
Heil dem guten Vaterlande,
Dem ein schönes Loos Dich sandte.
Gott mit Dir,
Heil mit Dir!
Nimm die Freudenthränen
Als ein Opfer an,
Laß von deutschen Männern
Segnend Dich umfahn.
Gott mit Dir,
Heil mit Dir!

Den vereinigten Armeen.

Mel.: Ein freies Leben ꝛc.

Heil Dir! Du unbesiegbar Heer,
Zu unserm Schutz gegeben.
Dir sey bloß unser Dank geweiht;
Denn Dein Ruhm steht im Buch der Zeit,
Da wird er ewig leben!

Dem Rheinischen Bunde.

Mel.: Am Rhein da wachsen unsre Reben.

Am Rhein, am Rhein! reicht man die Hand zum Bunde,
    Der deutschen Muth belebt.
O singt sein Lob, singt es mit lautem Munde,
    Weil deutsche Kraft er hebt.

Der Handlung.

Mel.: Auf haſcht am Roſenſaume ꝛc.

Wo Deine Wimpel wehen,
 O Handlung! da iſt's gut.
Das Land wird Segen ſehen,
 Wo feſt Dein Anker ruht.

Nürnberg.

Mel.: In dieſen heiligen Hallen ꝛc.

Du, von uns nur mit Liebe
Und Ehrfurcht ſtets genannt,
Du, graue Stadt der Väter,
Geliebtes Vaterland,
Dir dieſen edlen Becher Wein,
O ſchenket — ſchenket voll ihn ein.

Es blicken Deine Zinnen
Stolz über Flur und Wald,
Und Deines Namens Ehre
Iſt, gleich der Wahrheit, alt.
Wir lieben, lieben zärtlich Dich
Und bleiben treu Dir ewiglich.

Heil Dir in dem Paniere,
Das herrlich Dich umweht,
Heil Deinem neuen Flore,
Der nimmer untergeht.
O ſchließe froh das neue Band,
Geliebtes, gutes Vaterland.

Inhalt:

Vorwort.

Seite.

I. Der drohende Verlust der Reichsfreiheit. Bestrebungen zur Erhaltung der Selbstständigkeit und Unmittelbarkeit   1.

II. Die Nürnbergische Rathsdeputation zu München und am königlichen Hoflager . . . . . .   19.

III. Die Civilbesitzergreifung Nürnbergs durch die Krone Bayern   32.

IV. Beilagen . . , ...   50.